AF496260

NOUVELLE MÉTHODE DE LECTURE, PAR L. BONHOURE FILS

ALPHABETS USUELS

Ire LEÇON

MINUSCULES ROMAINES

VOYELLES

a e i o u y

CONSONNES

b m j t s k v
z h d q r c f
g n x p l

IIe LEÇON

MINUSCULES ITALIQUES

VOYELLES

y u o i e a

CONSONNES

v k s t j m b
f c r q d h z
l p x n g

IIIe LEÇON

MAJUSCULES ROMAINES

VOYELLES

I A U Y O E

CONSONNES

L C Q H D N J
S B R K G Z M
T X V F P

IVe LEÇON

MINUSCULES ROMAINES

DANS L'ORDRE ALPHABÉTIQUE

VOYELLES ET CONSONNES

a b c d e
f g h i j k l m
n o p q r s t
u v x y z

(1er Tableau)

Paris. — L. BONHOURE fils, Éditeur, 17, rue Séguier.

2271 Paris. — ÉDOUARD BLOT, imprimeur, rue Turenne, 66.

NOUVELLE MÉTHODE DE LECTURE, PAR L. BONHOURE FILS

Ve LEÇON

SIGNES DE NUMÉRATION

CHIFFRES ARABES					CHIFFRES ROMAINS				
1	2	3	4	5	I	II	III	IV	V
6	7	8	9	0	VI	VII	VIII	IX	X

VIe LEÇON

COMBINAISON DE LETTRES

Syllabes de deux lettres formées de consonnes et de sons simples

1. Fa, re, mi, pu, vo. De, ru, la, fo, bi. Ro, sa, li, vu, ne.

2. Pe, ma, ri, do, fu. Vi, je, tu, na, bo. Fe, pa, ni, jo, bu.

3. Va, mo, le, su, di. Nu, ve, pi, ja, so. Me, du, ta, no, si.

(2e Tableau)

Paris. — L. BONHOURE fils, Éditeur, 17, rue Séguier.

2271 Paris. — ÉDOUARD BLOT, imprimeur, rue Turenne, 66.

NOUVELLE MÉTHODE DE LECTURE, PAR L. BONHOURE FILS

VIIe LEÇON

Mots de deux syllabes formés des syllabes qui précèdent

4. Pa pa, da me, u ni, bu re, lo to. Sa pe, do du, fi le, ra ja, tu be. A mi, fa de, bo bo, mu le, pe lu.

5. Ri te, bo a, du pe, ma ri, lu ne. Do do, pa le, me nu, si re, no ta. Bu-be, de mi, u ne, so lo, da te.

6. Ve lu, pa pe, so fa, o ve, mi di. Ju pe, si lo, ma re, te nu, ro be. La-ma, si te, jo li, pu re, du o.

VIIIe LEÇON

Membres de phrases de deux mots formés des mots qui précèdent

7. Le pa pe, du bo ni, je fu me, le da da, u ne mi te. Du pe lu, ma ri pe, le so lo, je pa ve, du ba ba.

8. U ne li me, le va ri, sa ja le, le do du, je fi le. Du la ma, u ne bu-be, le lo to, ta mu le, du fi ni.

9. Je ju re, le so fa, u ne pi pe, du ve lu, la ra me. Du bo bo, je la-ve, le so fi, ma ju pe, du bo a.

IXe LEÇON

Petites phrases de quatre ou cinq mots formées des mots qui précèdent

10. La mu le du pa pe. A li se ra pu ni. U ne ro be de bu re. Je vi de ma ti ne. Le po li du so fa. Jo be a vu la lu ne.

11. Pa pa fu me sa pi pe. La ju-pe de la da me. Ni ni se fe ra du bo bo. Le tu be du Mo re. Je sa le u ne ra ve.

12. To bi va li re u ne o de. La da te du no ta. Je la ve ma bu be. Le lo to du so fi. Ju de a re vu sa mu le.

(3e Tableau) Paris. — L. BONHOURE fils, Éditeur, 17, rue Séguier.

2271 Paris. — ÉDOUARD BLOT, imprimeur, rue Turenne, 66.

NOUVELLE MÉTHODE DE LECTURE, PAR L. BONHOURE FILS

Xe LEÇON

ACCENTS

´	`	^
Accent aigu	Accent grave	Accent circonflexe

LETTRES ACCENTUÉES

à â é è ê î ô ù û

SYLLABES ACCENTUÉES

13. Rô, té, pî, mè, lâ. Fé, dû, pè, mâ, ré. Bê, jà, lé, dô, vè.

14. Dî, sè, bû, né, tê. Là, pô, bé, vî, dè. Mû, *sé, râ, lè, tô.*

XIe LEÇON

Mots de plusieurs syllabes, accentués, formés des syllabes qui précèdent

15. Re mè de, pâ té, li bé ra le, bê-ta. Mo no pé ta le, rô ti, sé vè re, dî né. Fé o da le, tê tu, li bé ra ti ve, do ré.

16. Mû re, vé na li té, bi nô me, é lu. Dé lé tè re, re vê tu, pé ri to ni te, fê té. Le vû re, é pi, vi ni fè re, dé mê lé.

17. Pâ tu re, dé fi, bé a ti tu de, re-dû. O li vè te, sa lé, a bî me, fé tu. Ba-rê me, pâ li, fé dé ra ti ve, ô té.

XIIe LEÇON

Petites phrases de quatre ou cinq mots formées des mots qui précèdent

18. Jé rô me a bu le re mè de. Pa-pa me sé pa re de ma mè re. É mi le di ra la vé ri té. Je dé mê le ta pâ tu re.

19. Le Mo re a re vê tu sa ro be. Re né a bî me ra le nu mé ro. Ma bê te re lè ve la tê te. Le mô le a é té dé mo li.

20. Mé dé pu ni ra sa pe ti te é lè ve. Je râ pe u ne mû re. Va lè re a dé vo ré le pâ té. Le lé vi te ô te ra le mo dè le.

(4e Tableau) Paris. — L. BONHOURE fils, Éditeur, 17, rue Séguier.

2271 Paris. — ÉDOUARD BLOT, imprimeur, rue Turenne, 66.

NOUVELLE MÉTHODE DE LECTURE, PAR L. BONHOURE FILS

XIIIe LEÇON

Syllabes contenant les lettres K, X, Y, Z

ki	xa	ze	py	xu	zo	dy	xe	ku	za
ko	by	xé	ka		my	xo	zi	ké	

XIVe LEÇON

Mots de plusieurs syllabes, muettes ou accentuées, formés des syllabes qui précèdent

21. Ki lo, ma xi me, a zu ré, po-ly pe. Zé bu, lu xu re, ju ry, a zo te. Ka ra ta, o xy de, zé lé, py ri te.

22. Ta xé, zi be li ne, ké pi, sy no-de. Zo é, pi xi du le, mo ka, sy ba ri te. La zu li, ka by le, bo xé, py ra mi de.

23. Ka li, mé lè ze, fi xi té, py lo re. Zé ro, ka zi ne, o xy du lé, ty pe. Ki no, a zy me, re la xa, sy no ny me.

XVe LEÇON

Petites phrases de quatre ou cinq mots formées des mots qui précèdent

24. Ma xi me a vu Sy mo ka à Zé-no bi. Je re ti re le *la zu li* de Ro xa ne. *Le zè le de Ta xi le a é mu le ju ry.*

25. Po ly xè ne sa li ra le ké pi a zu-ré. Le ka by le a dé mo li la py ra mi de. Pa pa ta xe ra le ki lo de mo ka.

26. Na xo re ré pa re la ly re du za-ni. Le sy ba ri te a re je té le pa ra do xe. Zu li ma ra mè ne le ma ki de Zo é.

XVIe LEÇON

VOYELLES COMBINÉES

an	ou	im	en	on	yn	eu	em	au
am	ai	ym	oi	un	ei	om	in	

(5e Tableau)

Paris. — L. BONHOURE fils, Éditeur, 17, rue Séguier.

2271 Paris. — ÉDOUARD BLOT, imprimeur, rue Turenne, 66.

NOUVELLE MÉTHODE DE LECTURE, PAR L. BONHOURE FILS

XVIIe LEÇON

Syllabes de trois lettres formées de consonnes simples et de voyelles combinées

27. **Bam, fou, sym, jeu, nau, len. Roi, fun, zai, tom, din, san.**

28. **Vei, kou, fau, lin, xem, neu. Tym, boi, xon, mai, ken, rei.**

29. **Moi, lun, sen, zou, pam, bau. Lai, feu, nym, pon, dun, foi.**

XVIIIe LEÇON

Mots de trois ou quatre syllabes formés des syllabes qui précèdent

30. **Mou lin, ju ran de, sau mon, pi voi ne, jou jou. Lan dau, nan kin, ba lei ne, pou mon, ve xan te, lun di.**

31. **Pa roi, se mai ne, don jon, é pau-le, ne veu, syn ta xe. Bi jou, ra doi re. tym pan, dé fun te, bon bon, vei nu le.**

32. **Mou ron, sa van te, ren voi, de-meu re, é tau, fan fa re. Sa xon, dou zai ne, jeu di,** ***sym bo le, é moi, ro ton de, fa lun.***

XIXe LEÇON

Membres de phrases de deux mots formés des mots qui précèdent

33. **Du jam bon, la dé fun te, son ro man, u ne vei ne. Mon sa pin, ta fou lure, le ren voi, son do mai ne.**

34. **Ma fau te, le dan din, u ne é toi-le. Son ma tou, la fu tai ne, du bou din. Ta voi tu re, le sa lon, mon a man de.**

35. **Un sa pa jou, du bau me, son en jeu, ma pei ne. Ton tam bou rin, u ne meule, son a lun, la sou pen te.**

XXe LEÇON

Petites phrases détachées formées des mots qui précèdent

36. **Mon ro man se ra lu au sa lon du roi. Va len tin re mon te sa pen du le. On a ven du le ca fé du no tai re.**

37. **Voi là un bi jou de la dé fun te. An toi ne se ra re ve nu de Nan kin jeu di. Ma man la ve sa ju pe noi re.**

38. **Le bam bin a sa lé son jam bon. Fan fan mè ne boi re sa mu le à la fon tai-ne. On dé mon te la meu le du mou lin.**

(6e Tableau) Paris. — L. BONHOURE fils, Éditeur, 17, rue Séguier.

2271 Paris. — ÉDOUARD BLOT, imprimeur, rue Turenne, 66.

NOUVELLE MÉTHODE DE LECTURE, PAR L. BONHOURE FILS

XXIe LEÇON

Mots dont le C et le G ont la prononciation de l'S et du J

ce ci ge gi

39. Lu ci de, ré gen té, se men ce, rou gi, dé cen te. Sau va gin, in ci den-ce, di gé ré, bu cen tau re, gi ron.

40. In di gen ce, pu ce ron, veu va ge, mé de cin. Gi ra fe, o cé an, lé gen de, ci té.

41. Ré gen ce, ma cé ré, lon gi tu de, ci ron, tan gen te. Re lan cé, di gi ta le, ran ci, lo san ge, pu mi cin.

XXIIe LEÇON

Petites phrases de quatre ou cinq mots formées des mots qui précèdent

42. Mau ri ce a lu sa lé gen de. Je man ge rai u ne ci bou le ou u ne o ran ge. Voi ci u ne é pon ge et u ne cym ba le.

43. On di ri ge un im bé ci le à son gî te. Eu gè ne a re non cé à u ne sa ge tem pé ran ce. Le ju ge a dou ci ra la na tu re du sau va ge.

44. Ma xen ce a é té sa ge et sin cè re. Je ré di ge la sen ten ce du do ge. Ton mé de cin boi ra *du vin de Gen ton.*

XXIIIe LEÇON

Mots dont le C et le G ont la prononciation dure

ca co cu ga go gu

45. Can can, re din go te, au cun, dé-gaî ne. Rou cou, lé gu me, com té, ci ga re. Mâ con, gam ba de, bou can, pa go de.

46. Ran cu ne, gaî té, pé co re, sa gou. Can ti ne, ai gu, sou cou pe, ga la, vi cai re.

47. Cou cou, fi gu re, en can, gon do-le. É cu, ren gaî ne, fau con, au gu re. Tou can, né go ce, li cou, in gam be.

XXIVe LEÇON

Petites phrases de quatre ou cinq mots formées des mots qui précèdent

48. Ce ga min a cou pé ma gau le. La co lè re dé fi gu re le vi com te. Je ré ga le rai mon fau con de ca fé ou de sa gou.

49. La vi gi lan ce du ca pi tai ne é ga-le son cou ra ge. Ca ro li ne a u ne ro be de co ton. Le vi cai re a goû té son vin.

50. Je ren gaî ne ma ca ra bi ne. Le pé di cu re se ra dé goû té de sa com po te. On a é ga ré le con gé du lo ca tai re.

(7e Tableau) Paris. — L. BONHOURE fils, Éditeur, 17, rue Séguier.

2271 Paris. — ÉDOUARD BLOT, imprimeur, rue Turenne, 66.

NOUVELLE MÉTHODE DE LECTURE, PAR L. BONHOURE FILS

XXVe LEÇON

Mots où l'S a la prononciation du Ç doux

51. Cen su re, sé né, in so len te, sagou. Défen se, son dé, pen si ve, sé dan. Men son ge, sen sé, con so le, sau mon.

52. So lai re, con su mé, sé an ce, in su. Ré cen te, pin son, sa li ve, gansé. Con so lan te, en se ve li, syn co pe, gan sé.

53. Ré pon se, sou ci, con su lai re, pen sé. In ten se, so lo, dé fen si ve, soudan. Pan sa ge, sau té, dé pen se, sa lon.

XXVIe LEÇON

Petites phrases détachées formées des mots qui précèdent

54. Je pen se fai re en co re u ne pe ti te dé pen se à ton in su. Si mon se ra pu ni de son in so len ce et de son men son ge.

55. Ton pin son a con so lé un in sensé. Le cen si tai re sou ri ra à ma ré ponse. Sé ve rin a été ton su ré à mi di.

56. On en se ve li ra, sa me di, un insu lai re de Cé ri go. La sen si bi li té de ma mè re a *ren du ma dé fen se i nu ti le.*

XXVIIe LEÇON

Mots où l'S a la prononciation du Z

57. Ge nè se, rai son, mé san ge, ci vi li sé. Ven tô se, ba sin, na sa le, fai san. Cau seu se, ru sé, gi san te, poi son.

58. Mi sai ne, cou su, ro sa ce, sai si. Ja lou se, ro sé, boi sa ge, ré sé da. U san ce, moi si, ro sai re, cau sé.

59. Po sa ge, sai son, oi si ve, rai sin. Lo san ge, u si té, mé sai se, ve sou. Ti sa ne, foi son, ja seu se, ma ga sin.

XXVIIIe LEÇON

Petites phrases de quatre ou cinq mots formées des mots qui précèdent

60. Mau ri ce dé si re de la rai son. On a dé cou su la ca mi so le de ma cousi ne. Ton ma lai se cau se son dé sa veu.

61. Ma tan te É li sa a man gé mon rai sin. Ce ru sé pa ra si te a vi si té ta va li se. Ro si ne cou pe ra, jeu di, la toi son de son mou ton.

62. Ton voi sin a ven du sa mai son à mon cou sin. Dé si ré a ré so lu de boire sa ti sa ne. Voilà un jo li fai san do ré.

(8e Tableau)

Paris. — L. BONHOURE fils, Éditeur, 17, rue Séguier.

2271 Paris. — ÉDOUARD BLOT, imprimeur, rue Turenne, 66.

NOUVELLE MÉTHODE DE LECTURE, PAR L. BONHOURE FILS

XXIXe LEÇON

Mots d'une et de plusieurs syllabes, variables ou invariables, terminés par un S

63. Mai sons, vous, pan tins, les, bon tés. Dans, cou cous, ces, gé né-reu ses, ils. Ju pons, bois, can cans, nos, rai sins.

64. Pas, ma ti nes, des, bam bous, vos. Rai sons, pâ tés, fois, va can ces. Nous, sa tins, gens, ce ri ses, mois.

65. Ty rans, sous, con vi ves, tes, pa vés. Mais, sai sons, pois, ca ne-zous, sans. Lim bes, tous, ven dus, ses, cou sins.

XXXe LEÇON

Petites phrases détachées formées des mots qui précèdent

66. Ju les man ge des poi res et des ce ri ses de Pa ris. Nous i rons à Nî mes où nous se rons fê tés de tous nos a mis.

67. On a vu à Li mo ges, u ne fou le de jeu nes gens de nos en vi rons. Ni-co las a des mai sons dans les Lan des.

68. Le do ge se ra là à mi di, mais nous ne se rons pas i ci. Si tu te con ten tes de tes jou joux, tu au ras des bon bons.

XXXIe LEÇON

SONS SIMPLES ARTICULÉS

	ur	is	oc			ic	ar	us	
el	ap	ir	ob	ul	ol	if	er	ad	il
	as	or	ex			ac	es	uc	

(9e Tableau)

Paris. — L. BONHOURE fils, Éditeur, 17, rue Séguier.

2271 Paris. — ÉDOUARD BLOT, imprimeur, rue Turenne, 66.

NOUVELLE MÉTHODE DE LECTURE, PAR L. BONHOURE FILS

XXXIIe LEÇON

Syllabes de trois lettres formées de consonnes simples et de sons simples articulés

69. Mis, duc, lor, pel, bab, dex. Bur, col, fat, ves, sir, noc.

70. Fer, jus, pal, tyr, bec, gil. Mos, cap, sec, gyp, mul, bor.

71. Ris, toc, sub, mer, val, nig. Cas, vif, gar, tex, sol, bac.

XXXIIIe LEÇON

Mots de trois ou quatre syllabes formés des syllabes qui précèdent

72. Bal con, mar tyr, jas pé, ros-bif. Con sul, nec tar, gyp seu se, in dex. Pas cal, sub ver sif, ca duc, jar gon.

73. Sur gir, bé mol, con sis tan ce, in fer nal. Tic tac, mu rex, em por té, con vul sif. Ba zar, na tu rel, som no-len ce.

74. Bis co tin, fau tif, dog ma ti sé, pa lus. Ob jec tif, syn di cal, gym na se, gar nir. Co dex, sub til, *a mer, toc sin.*

XXXIVe LEÇON

Membres de phrases de deux mots formés des mots qui précèdent

75. Mon ta rif, vos om ni bus, un mor tel. Tes es car pins, du bo rax, son tal mud. Le loi sir, mes dis cor des.

76. U ne a lar me, des cap tifs, le syn-dic. Ses ré bus, mon bal con, tes dog-mes. Du nec tar, mon e xil, les pa lus.

77. Ton dé sir, ma pos tu re, ses a ga rics. Le ca nal, du gyp se, mon co dex. Vos ob jec tifs, un dé gel, tes car cans.

XXXVe LEÇON

Petites phrases détachées formées des mots qui précèdent

78. Le co lo nel a rem por té u ne vic toi re sur le gé né ral. Nous pen-sons par tir a vec les cap tifs pu nir les in sur gés.

79. Mon cou sin Vic tor se con ver-ti ra à la sec te des cal vi nis tes. Le ma-jor es cor te le duc de Col mar à Ber lin.

80. On a ren ver sé du ca ra mel dans ma mou tar de. Voi ci le con sul A ris ti de et le ca po ral du gym na se.

Paris. — L. BONHOURE fils, Éditeur, 17, rue Séguier.

2271 Paris. — EDOUARD BLOT, imprimeur, rue Turenne, 66.

NOUVELLE MÉTHODE DE LECTURE, PAR L. BONHOURE FILS

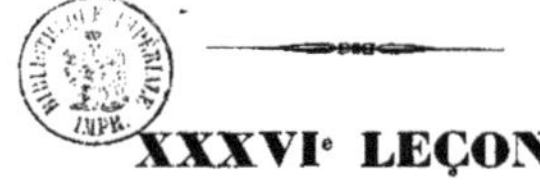

XXXVIe LEÇON

SONS COMBINÉS ARTICULÉS

eul our oir euf ouc onc aug ois inc
aul ons ous oif eur aur ouf

XXXVIIe LEÇON

Syllabes de quatre lettres formées de consonnes simples et de sons combinés articulés

81. Pour, neuf, loir, bouc, geur. Mons, voir, soup, laur, ponc.

82. Caus, jour, tinc, meur, poil. Four, somp, noir, rynx, beur.

83. Seul, zinc, maur, cons, tour. Veuf, poir, mous, faur, sanc.

XXXVIIIe LEÇON

Mots de trois ou quatre syllabes formés des syllabes qui précèdent

84. Mo ni teur, lan gous te, es poir, ca pi toul, rem bour sé. Dis tinc tif, re ce-veur, cons pi ran te, fou loir, cour ti san.

85. É tour di, cons ter né, va loir, sub jonc tif, tour neur. La rynx, bour-don, ra soir, *dis tinc te, pan dour.*

86. Bou doir, lous tic, im pair, con-jonc tif, ra mo neur. Cir cons pec te, re-po soir, sanc tu ai re, tam bour, four gon.

XXXIXe LEÇON

Membres de phrases de deux mots formés des mots qui précèdent

87. Un dis pen sa teur, les cir cons tan-ces, mon la voir. Vos con jonc tu res, son tour ne vis, le ca pi toul, nos é ten doirs.

88. Ces tam bours, le sanc tu ai re, des fon deurs. Une lan gous te, mes our-sins, la cons tan ce, du sa voir.

89. Le cour ti san, ces ins tan ces, mon vau tour. Tes con jonc ti ves, un fer-moir, vos somp tuo si tés, ma gour me.

XLe LEÇON

Petites phrases détachées formées des mots qui précèdent

90. Ce jour na lis te cons pi ra pour de ve nir dic ta teur. Le ca pi toul de-meu re dans la bour ga de de Faus louc.

91. Paul a vu les vol ti geurs et les cour ti sans du roi. Cet é tour di de ra-mo neur va noir cir les ta pis du bou doir.

92. La cons tan ce du doc teur é ga le son sa voir. Nous fe rons, ce soir, le tour de la four nai se de Rons moul.

Paris. — L. BONHOURE fils, Éditeur, 17, rue Séguier.

2371 Paris. — ÉDOUARD BLOT, imprimeur, rue Turenne, 66.

NOUVELLE MÉTHODE DE LECTURE, PAR L. BONHOURE FILS

XLIe LEÇON

RÉCAPITULATION DES EXERCICES QUI PRÉCÈDENT

93. Jeu di nous i rons au do mai ne de Bau mon : là nous nous a mu se rons à fai re cou rir les â nes du pè re An-toi ne.

94. Pau li ne é cou te sa mè re, Vic-tor re gar de É mi le, Zo é ad mi re sa ro be de ga ze, et Po ly be man ge sa tar ti ne.

95. Mon ca ma ra de a é té mal é le-vé : il a vou lu boi re de tous les vins *du mai re et du no tai re* de Tou lon.

96. Le cu ré de Sen lis ra con te ra, ce soir, u ne lé gen de et u ne a nec-do te ir lan dai ses à son vi cai re de Ber nay.

97. On nous en ga ge à di re tou-jours la vé ri té, à ne ja mais mé di re; a lors nous ne de vons ni men tir ni mé dire.

98. Le com te de Val my re a ven du, mar di ma tin, son jo li ca fé de la Bou le du Mon de, au ba ron de Bé zo ra.

SUITE DE LA RÉCAPITULATION

99. Pa pa nous a per mis de sor tir un peu de Ca lais pour voir mu gir la mer et cou rir les ma rins sur le ri va ge.

100. Le gé né ral par ti ra ce soir a vec tou te son es cor te pour pu nir la ré vol te des ducs re mis en li ber té.

101. I ci, on ai me la rai son, la bon té, le cou ra ge et la ver tu; mais là, on dé bi te le men son ge, on é cou te des pa ro les im pu res, on par le un lan ga ge dé na tu ré.

102. Ni co las me su re ra la toi le de co ton de sa tan te Lu ci le, ou il re mon te ra le vin rou ge de la ca ve du ca pi tai ne.

103. Ma man, ma pe ti te ma man, je dé si re en co re un peu de sa la de, u ne a man de dou ce et un peu de ce me lon.

104. Le do ge i ra fai re un tour au jar din du roi, il y ad mi re ra des ro ses, des lys, des tu li pes et des li-las de tou tes cou leurs.

Paris. — L. BONHOURE fils, Éditeur, 17, rue Séguier.

2271 Paris. — EDOUARD BLOT, imprimeur, rue Turenne, 66.

www.ingramcontent.com/pod-product-compliance
Ingram Content Group UK Ltd.
Pitfield, Milton Keynes, MK11 3LW, UK
UKHW021203230726
13926UKWH00001B/285

9 782014 106503